ALPHABET
ET
RÈGLEMENT

POUR LES ENFANTS

QUI FRÉQUENTENT

LES ÉCOLES CHRÉTIENNES

NOUVELLE ÉDITION

DIJON

HÉMERY, LIBRAIRE-ÉDITEUR

1855

ALPHABET
ET
RÈGLEMENT

POUR LES ENFANTS

QUI FRÉQUENTENT

LES ÉCOLES CHRÉTIENNES.

NOUVELLE ÉDITION

DIJON

HÉMERY, LIBRAIRE-ÉDITEUR

1855

ALPHABET.

A B C D
E F G H
I J K L
M N O P
Q R S T
U V X Y Z.
Æ OE W.

LETTRES MINUSCULES.

a b c d e f g
h i j k l m n o
p q r s t u v x y z.
æ œ w.

LETTRES MAJUSCULES.

A B C D E F G H I
J K L M N O P Q
R S T U V X Y Z
Æ OE W.

*

— 4 —
VOYELLES.

a e i o u *et* y.

LETTRES ACCENTUÉES.

Accent aigu : é.
Accent grave : à è ù.
Accent circonflexe : â ê î ô û.
Tréma : ë ï ü.

SIGNES DE PONCTUATION.

Point. *Deux-Points* :
Virgule, *Point-Virgule* ;
Point d'interrogation ?
Point d'exclamation !

CHIFFRES.

0 1 2 3 4 5 6 7 8 9

SYLLABES.

ba	be	bi	bo	bu
ca	ce	ci	co	cu
da	de	di	do	du
fa	fe	fi	fo	fu
ga	ge	gi	go	gu
ja	je	ji	jo	ju
la	le	li	lo	lu
ma	me	mi	mo	mu
na	ne	ni	no	nu
pa	pe	pi	po	pu

qua	que	qui	quo	
ra	re	ri	ro	ru
sa	se	si	so	su
ta	te	ti	to	tu
va	ve	vi	vo	vu
xa	xe	xi	xo	xu
za	ze	zi	zo	zu
ab	eb	ib	ob	ub
ac	ec	ic	oc	uc
ad	ed	id	od	ud
af	ef	if	of	uf

ag	eg	ig	og	ug
al	el	il	ol	ul
abs	ebs	ibs	obs	ubs
als	els	ils	ols	uls
bab	beb	bib	bob	bub
dad	ded	did	dod	dud
lal	lel	lil	lol	lul
pap	pep	pip	pop	pup
rar	rer	rir	ror	rur
sas	ses	sis	sos	sus
vas	ves	vis	vos	vus

MOTS DIVISÉS PAR SYLLABES.

Pa-pa, ma-man, fan-fan, che-val, jou-jou, tou-tou, mi-mi, pe-tit, si-rop, gâ-teau, jar-din, rai-sin, ru-ban, a-bri-cot, ce-ri-se, poi-re, pier-re, Cé-ci-le, pom-me, pê-che, mou-tar-de, vol-ail-le, co-quil-le, etc.

Dieu soit loué et adoré à jamais!

RÈGLEMENT.

1. Re-tour-nez de l'É-co-le à la mai-son sans vous ar-rê-ter dans les rues, mo-des-te-ment, c'est-à-di-re sans cri-er et sans of-fen-ser per-son-ne. Au con-trai-re, si l'on vous in-ju-rie et si l'on vous of-fen-se, en-du-rez-le pour l'a-mour de No-tre-Sei-gneur, et di-tes en vous-mê-me : « Dieu vous don-ne la grâ-ce de vous re-pen-tir de vo-tre fau-te et vous par-don-ne com-me je vous par-don-ne moi-mê-me. »

2. Gar-dez-vous bien de ju-rer, de blas-phé-mer, de di-re des pa-ro-les sa-les ou gros-siè-res, ou de fai-re au-cu-ne ac-tion dés-hon-nê-te.

3. Quand vous pas-sez de-vant quel-que Croix ou quel-que i-ma-ge de No-tre-Da-me ou des Saints, fai-tes une in-cli-na-tion en ô-tant vo-tre cha-peau ou au-tre-ment.

4. Quand vous ren-con-tre-rez quel-que per-son-ne de vo-tre con-nais-san-ce, sa-lu-ez-la le pre-mier, par-ce

que c'est u-ne ac-tion d'hon-nê-te-té.

5. Sa-lu-ez les per-son-nes que vous ren-con-tre-rez, se-lon l'ins-truc-tion qu'on vous au-ra don-née.

6. Quand vous en-tre-rez chez vous ou en quel-que au-tre mai-son, fai-tes u-ne in-cli-na-tion, sa-lu-ant ceux que vous y trou-ve-rez.

7. Quand vous com-men-ce-rez quel-que ou-vra-ge ou quel-que bon-ne ac-tion, fai-tes dé-vo-te-ment le si-gne de la Croix, a-vec in-ten-tion de fai-re au nom de Dieu et

pour sa gloi-re cè que vous al-lez fai-re.

8. Quand vous par-lez a-vec des per-son-nes res-pec-ta-bles, ré-pon-dez hon-nê-te-ment, a-vec po-li-tes-se : « Oui Mon-sieur, ou Ma-da-me; Non Mon-sieur; Non Ma-da-me, » se-lon qu'on vous in-ter-ro-ge-ra.

9. Si ceux qui ont pou-voir sur vous vous com-man-dent quel-que chose qui soit hon-nê-te et que vous puis-si-ez faire, obé-is-sez-leur vo-lon-tiers et promp-te-ment.

10. Si l'on vous com-man-de de di-re quel-que pa-ro-le ou de fai-re quel-que ac-tion mau-vai-se, ré-pon-dez que vous ne le pou-vez fa-ire, car ce-la dé-plaît à Dieu.

11. Quand vous vou-drez dî-ner ou sou-per, com-men-cez par vous la-ver les mains, puis di-tes le Be-ne-di-ci-te a-vec pi-é-té et mo-des-tie.

12. Lors-que vous vou-drez boi-re, pro-non-cez tout bas le saint nom de Jé-sus, et ne bu-vez pas au-de-là de vo-tre be-soin.

13. Tou-tes les fois que vous nom-me-rez ou en-ten-drez nom-mer Jé-

sus ou Ma-rie, vous fe-rez u-ne pe-ti-te in-cli-na-ti-on.

14. Gar-dez-vous bien, à ta-ble ou ail-leurs, de de-man-der ou de pren-dre, et de sous-trai-re en ca-chet-te ou au-tre-ment ce qu'on au-ra don-né à man-ger aux au-tres; vous ne de-vez mê-me pas le re-gar-der a-vec en-vie.

15. Quand on vous don-ne-ra quel-que cho-se, re-mer-ciez hon-nê-te-ment ce-lui ou cel-le qui vous l'au-ra don-née.

16. Ne vous as-sey-ez point à ta-ble si on ne vous le com-man-de.

17. Man-gez et bu-vez hon-nê-te-ment, sans a-vi-di-té et sans ex-cès.

18. A la fin de cha-que re-pas di-tes dé-vo-te-ment les grâ-ces, et a-près la-vez-vous en-co-re les mains.

19. Ne sor-tez point de la mai-son sans en de-man-der la per-mis-si-on.

20. N'al-lez point a-vec les en-fants vi-ci-eux et mé-chants, car ils peu-vent vous nui-re pour le corps et pour l'a-me.

21. Quand vous a-vez em-prun-té quel-que cho-se, ren-dez-le promp-te-ment et n'àt-ten-dez pas qu'on vous le de-man-de.

22. Lors-que vous au-rez à par-ler à quel-que per-son-ne res-pec-ta-ble qui se-ra oc-cu-pée, pré-sen-tez-vous mo-des-te-ment, at-ten-dant qu'el-le ait le loi-sir de vous par-ler et qu'el-le vous de-man-de ce que vous vou-lez.

23. Si quel-qu'un vous re-prend ou vous don-ne quel-que a-ver-tis-se-ment, re-mer-ciez-le.

24. Ne tu-toy-ez per-son-ne, ni les do-mes-ti-ques, ni les ser-van-tes, ni les pau-vres.

25. Al-lez au-de-vant de ceux qui en-trent chez vous, soit pa-rents, soit é-tran-gers, pour les sa-luer et les re-ce-voir.

26. Si quel-qu'un de ceux de la mai-son, ou au-tre, dit ou fait quel-que cho-se de dés-hon-nê-te ou d'in-di-gne d'un chré-tien, en vo-tre pré-sen-ce, re-pre-nez-le a-vec dou-ceur.

27. Quand les pau-vres de-man-dent à vo-tre por-te, pri-ez vo-tre pè-re ou vo-tre mè-re, ou ceux chez qui vous de-meu-rez, de leur faire l'au-mô-ne pour l'a-mour de Dieu.

28. Le soir, a-vant de vous cou-cher, a-près a-voir sou-hai-té le bon-soir à vos pè-re et mè-re, ou au-tres per-son-nes qui se trou-vent à la mai-son, met-tez-vous à ge-noux de-vant l'i-ma-ge de quel-que saint, et di-tes les pri-è-res qui se trou-vent à la fin de

ce pe-tit li-vre. A-près quoi, pre-nez de l'eau bé-ni-te, et fai-tes le si-gne de la Croix.

29. Le ma-tin, en vous le-vant, fai-tes é-ga-le-ment le si-gne de la Croix. Quand vous se-rez ha-bil-lé, met-tez-vous à ge-noux et di-tes vos pri-è-res; a-près quoi al-lez sou-hai-ter le bon-jour à vos pè-re et mè-re et aux au-tres per-son-nes de la mai-son.

30. Tous les jours, si vous le pouvez, entendez la sainte Messe, dévotement et à genoux, et levez-vous quand le Prêtre dit l'Evangile.

31. Quand vous entendrez sonner l'*Angelus*, récitez dévotement l'*Ave, Maria*.

32. Soyez toujours prêt à aller volontiers à l'école; apprenez soigneusement les choses que vos maîtres vous enseignent; soyez-leur bien obéissant et respectueux.

33. Gardez-vous bien de mentir en quelque manière que ce soit; car les menteurs sont les enfants du démon, qui est le père du mensonge.

34. Surtout gardez-vous de dérober aucune chose, ni chez vous ni ailleurs; parce que c'est offenser Dieu, c'est se rendre odieux à chacun, et prendre le chemin d'une mort infâme.

35. Présentez-vous volontiers et souvent à la confession, à la communion, y étant bien préparé, afin que vous de-

veniez à toute heure plus dévot et plus sage, fuyant le péché et acquérant les vertus.

36. Enfin, tous vos principaux soins et désirs, tandis que vous vivez en ce monde, doivent viser à vous rendre agréable à Dieu et à ne le point offenser, afin qu'après cette vie mortelle vous puissiez éviter l'enfer et posséder la gloire du Paradis. Ainsi soit-il.

DIEU RÉPAND SES SAINTES BÉNÉDICTIONS

sur les enfants qui sont pieux et respectueux envers leurs père et mère.

Honore ton père et ta mère, afin que tu vives longtemps sur la terre.

Cette première bénédiction donne l'espérance d'une longue et heureuse vie.

Celui qui honore son père et sa mère sera rempli de joie et de contentement par ses enfants, et Dieu exaucera sa prière.

Cette bénédiction promet l'allégresse en le contentement que l'on reçoit des enfants. Joseph, fils de Jacob, pour avoir été obéissant à son père et pour l'honneur qu'il lui avait rendu, reçut des joies et des contentements très-grands de ses propres enfants, lesquels furent aussi bénis de Jacob leur grand-père, en la présence de Joseph leur père.

Celui qui honore son père et sa mère s'amasse un trésor au Ciel et sur la terre.

Cette bénédiction regarde les biens spirituels et temporels que Dieu donne aux enfants sages et bons. Salomon, qui nous servira d'exemple, porta toujours beaucoup d'honneur à son père et à sa mère; c'est pourquoi il vécut très-heureux et très-riche, sur un trône florissant. Au contraire, Absalon, son frère, pour avoir désobéi son père et l'avoir maltraité, fut percé de dards et tué par Joas, général de l'armée de David.

Celui qui honore son père et sa mère sera rempli des grâces célestes jusqu'à la fin.

Cette bénédiction concerne les biens spirituels. Nous en avons un merveilleux exemple en Jacob, fils d'Isaac, qui, ayant été béni par son père, fut élu de Dieu, très-agréable à sa divine Majesté et rempli de toutes sortes de grâces. Au contraire, son frère Esaü fut malheureux et réprouvé.

Honore ton père et ta mère, afin que la bénédiction du Ciel descende sur toi et que tu sois béni.

Dieu donne particulièrement cette bénédiction aux enfants obéissants. Mais qu'est-ce autre chose être béni de Dieu, sinon recevoir de lui sa sainte grâce, par le moyen de laquelle nous lui devenons agréables comme ses enfants ?

MALÉDICTIONS

que Dieu fait tomber sur les enfants qui ne portent ni respect ni obéissance à leurs père et mère.

Que celui qui maudira son père ou sa mère meure de mauvaise mort, et que son sang soit sur lui.

Cette malédiction est confirmée par la bouche de Dieu. Au même endroit de l'Ecriture, Dieu commande que si quelque père est assez malheureux pour engendrer un fils désobéissant, rebelle et pervers, tout le peuple de la ville massacre à coups de pierres le méchant enfant, et le fasse mourir.

A ces paroles : *Maudit soit celui qui n'honore pas son père et sa mère,* le peuple répondit : *Amen.*

PRIÈRES DU MATIN ET DU SOIR.

Au nom du Père, et du Fils, et du Saint-Esprit.

Esprit saint, venez en nous et remplissez nos cœurs de votre amour, afin que par votre secours nous fassions notre prière avec la piété, l'attention et le respect que nous devons à notre Dieu, à notre Père et à notre Juge, à qui nous osons l'adresser; par Jésus-Christ, notre Seigneur, qui vit et règne dans les siècles des siècles. Ainsi soit-il.

L'ORAISON DOMINICALE.

Notre Père qui êtes aux cieux, que votre nom soit sanctifié, que votre règne arrive, que votre volonté soit faite sur la terre comme au ciel. Donnez-nous aujourd'hui notre pain de chaque jour; pardonnez-nous nos offenses comme nous pardonnons à ceux qui nous ont offensés, et ne nous laissez point succomber à la tentation, mais délivrez-nous du mal.

Ainsi soit-il.

LA SALUTATION ANGÉLIQUE.

Je vous salue, Marie, pleine de grâce; le Seigneur est avec vous, vous êtes bénie entre toutes les femmes, et Jésus, le fruit de vos entrailles, est béni.

Sainte Marie, mère de Dieu, priez pour nous, pauvres pécheurs, maintenant et à l'heure de notre mort.

Ainsi soit-il.

LA PROFESSION DE FOI.

Je crois en Dieu, le Père tout-puissant, le Créateur du ciel et de la terre, et en Jésus-Christ, son Fils unique, notre Seigneur, qui a été conçu du Saint-Esprit, est né de la vierge Marie, a souffert sous Ponce-Pilate, a été crucifié, est mort et a été enseveli, est descendu aux enfers, le troisième jour est ressuscité des morts, est monté aux cieux et est assis à la droite de Dieu; le

Père tout-puissant, d'où il viendra juger les vivants et les morts.

Je crois au Saint-Esprit, à la sainte Eglise catholique, à la communion des Saints, à la rémission des péchés, à la résurrection de la chair, à la vie éternelle. Ainsi soit-il.

LA CONFESSION DES PÉCHÉS.

Je confesse à Dieu tout-puissant, à la bienheureuse Marie, toujours vierge, à saint Michel archange, à saint Jean-Baptiste, aux apôtres saint Pierre et saint Paul, à tous les saints, et à vous, mon Père, que j'ai beaucoup péché, par pensées, par paroles et par actions; c'est ma faute, c'est ma faute, c'est ma très-grande faute. C'est pourquoi je supplie la bienheureuse Marie, toujours vierge, saint Michel archange, saint Jean-Baptiste, les apôtres saint Pierre et saint Paul, tous les saints, et vous, mon Père, de prier pour moi le Seigneur notre Dieu.

Que Dieu tout-puissant nous fasse miséricorde, et que, nous ayant pardonné nos péchés, il nous conduise à la vie éternelle. Ainsi soit-il.

ACTE DE FOI.

Mon Dieu, je crois tout ce que vous avez révélé et ce que l'Eglise nous ordonne de croire ; je le crois fermement, parce que vous êtes la vérité même et que vous ne pouvez ni vous tromper ni nous tromper.

ACTE D'ESPÉRANCE.

Mon Dieu, j'espère de votre bonté infinie, par les mérites de Jésus-Christ, mon Sauveur, la vie éternelle et les grâces pour y parvenir.

ACTE DE CHARITÉ.

Mon Dieu, je vous aime de tout mon cœur, par-dessus toutes les créatures et plus que moi-même, parce que vous êtes infiniment aimable, et j'aime mon prochain comme moi-même pour l'amour de vous.

ACTE DE CONTRITION.

Mon Dieu, j'ai un très-grand regret de vous avoir offensé, parce que vous êtes infiniment bon, infiniment aimable et que le péché vous déplaît ; je fais un ferme propos de n'y plus retomber jamais, moyennant votre sainte grâce.

ABRÉGÉ

DES PRINCIPAUX DEVOIRS D'UN CHRÉTIEN.

Devoirs envers Dieu, les Saints et les choses saintes.

1. Tout chrétien doit adorer Dieu et n'adorer que lui, c'est-à-dire le reconnaître seul pour son créateur, son souverain et sa dernière fin.

2. Il doit croire sans hésiter tout ce que Dieu a révélé à son Eglise.

3. Il doit espérer en lui, et ne se défier jamais de sa providence ni de sa miséricorde.

4. Il doit l'aimer de tout son cœur et le préférer à toutes choses.

5. Il doit le prier avec respect, matin et soir.

6. Il doit lui être fidèle au péril même de sa vie.

7. Il doit plus craindre de l'offenser que d'être en butte à tous les maux les plus terribles.

8. S'il l'a offensé, il doit en avoir un très-grand regret et marquer sa douleur par une véritable pénitence.

9. Il doit rendre les mêmes devoirs à Jésus-Christ, parce qu'il est Dieu.

10. Il doit les mêmes choses au saint Sacrement, parce que Jésus-Christ y est réellement contenu.

11. Il doit honorer la sainte Vierge au-dessus de tous les Saints, parce qu'elle est la Mère de Dieu.

12. Il doit respect, obéissance et invocation à son bon Ange et à son saint Patron, et après eux il doit respecter tous les Saints.

13. Il doit révérer les images de Jésus-Christ et des Saints, non pas à cause du papier, du bois ou de la pierre dont elles sont faites, mais à cause de ce qu'elles représentent ; par exemple, dans un crucifix on n'adore pas le bois ou le papier, mais Jésus-Christ qui y est représenté.

14. Il doit aussi révérer les reliques des Saints, par le rapport qu'elles ont eu avec ceux dont elles sont les restes.

15. Enfin, il doit honorer tout ce qui a rapport à Dieu, comme sa parole, son nom, les personnes qui lui sont consacrées, les personnes qui lui sont dédiées, les cérémonies qui sont instituées en son honneur, etc.

Devoirs envers le prochain.

1. Tout chrétien doit aimer son prochain comme soi-même.

2. Il ne doit jamais faire aucun mal, aucun tort à son bien ni à son honneur; au contraire, il doit lui faire tout le bien et lui rendre tous les services possibles.

3. Il ne doit jamais écouter les médisants.

4. Il ne doit jamais faire de jugements téméraires, ni avoir d'envie contre personne.

5. Il ne doit jamais contribuer ni consentir à aucune injustice ou méchanceté.

6. Il doit l'assister dans ses nécessités jusqu'à s'incommoder soi-même.

7. Il doit supporter avec patience et douceur ses défauts et ses infirmités de corps et d'esprit.

8. Il doit lui pardonner très-sincèrement les offenses qu'il en a reçues, quelles qu'elles puissent être.

9. Il doit aimer ses ennemis, prier pour eux et leur faire du bien.

10. Il doit corriger charitablement son prochain, s'il le voit tomber en quelques fautes, surtout si son âge, sa condition ou sa charge lui donnent quelque autorité sur lui.

11. Il doit l'édifier par l'exemple d'une bonne vie.

12. Il doit payer ses dettes, s'il lui est possible.

Devoirs envers soi-même.

1. Tout chrétien doit avoir un très-grand soin du salut éternel de son ame, et ne se soucier presque en aucune manière de son corps.

2. Il doit combattre incessamment ses vices et ses mauvaises inclinations.

3. Il doit faire sa pénitence sans délai et se châtier lui-même des péchés dont il se sent coupable.

4. Il doit se tenir sur ses gardes et

se priver de tout ce qui peut être pour lui une occasion de pécher.

5. Il doit fuir les délices et les voluptés du corps comme du poison.

6. Il ne doit rien tant estimer que de travailler et de souffrir pour Jésus-Christ.

7. Il doit mépriser les honneurs, les biens et les plaisirs du monde ; aimer l'humilité, la pauvreté et la croix.

CHIFFRES	ARABES.	ROMAINS.
Un	1	I
Deux	2	II
Trois	3	III
Quatre	4	IV
Cinq	5	V
Six	6	VI
Sept	7	VII
Huit	8	VIII
Neuf	9	IX
Dix	10	X
Onze	11	XI
Douze	12	XII
Treize	13	XIII
Quatorze	14	XIV
Quinze	15	XV
Seize	16	XVI
Dix-sept	17	XVII
Dix-huit	18	XVIII
Dix-neuf	19	XIX
Vingt	20	XX
Trente	30	XXX
Quarante	40	XL
Cinquante	50	L
Soixante	60	LX
Soixante-dix	70	LXX
Quatre-vingts	80	LXXX
Quatre-vingt-dix	90	XC
Cent	100	C
Cinq cents	500	D
Mille	1000	M

Dijon, Presses Mécaniques de Loireau-Feuchot.

www.ingramcontent.com/pod-product-compliance
Lightning Source LLC
Chambersburg PA
CBHW061006050426
42453CB00009B/1291